Meine allerbesten
Vorlese-
geschichten

Inhalt

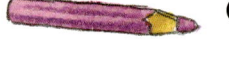

Die Wunschmaschine

Heute ist Wunschmaschinentag. Dominic holt die kleine silberne Schachtel aus dem Versteck unter seinem Bett. Nur er weiß, dass darin eine unsichtbare Maschine liegt, die ihn in fremde Welten bringen kann. Vorsichtig hebt er den Deckel an und schließt die Augen. Leise murmelt er den geheimen Wunschmaschinenspruch. Sofort ertönt ein helles Fiepen und die Schachtel in seiner Hand beginnt zu vibrieren. Erst als der Ton verstummt, öffnet Dominic seine Augen.

Im ersten Moment erkennt er nur den blauen Himmel über sich. Dann hört er ein Klirren und sicht, wie zwei Blechfüße auf ihn zukommen. Schnell steht er auf und springt zur Seite. Gerade noch rechtzeitig, bevor die Füße ihn überrennen. Der Besitzer der Blechfüße ist neben ihm stehen geblieben. Es ist eine Gestalt in Ritterrüstung.

Zuerst kann Dominic das Gesicht nicht sehen, weil es von einer Eisenmaske verdeckt wird. Erst als die Gestalt ihr Visier hochklappt, erkennt Dominic einen Jungen, der ungefähr so alt ist wie er und fragend auf ihn zukommt: „Huch, wer bist du denn? Und wo kommst du so plötzlich her?"

„Ich heiße Dominic und komme von zu Hause", antwortet Dominic, „und wer bist du?"

„Ich heiße Ekarius."

Ganz in der Nähe ertönt ein Wiehern. Neugierig lugt Dominic
um die Ecke und sieht einen großen Platz voller Ritter und Pferde.
„Was ist das für eine Arena?", fragt er. „Und wer sind die ganzen
Leute?"

Ekarius sieht ihn erstaunt an.

„Das weiß doch jeder. Das ist der Turnierplatz. Die Ritter warten auf den Beginn des großen Turniers. Sobald der König Platz
genommen hat, geht es los. Heute darf ich zum ersten Mal mitmachen. Aber daraus wird wohl nichts…"

Das versteht Dominic nicht.

„Wieso? Hast du Angst?"

Ekarius schnaubt empört.

„Natürlich nicht! Aber ohne meine Beinröhren darf ich nicht
antreten."

Als Ekarius sich auf die Unterschenkel klopft, versteht Dominic.

„Ach so, du meinst deine Schienbeinschoner. Und wo sind die?" Ekarius zuckt ratlos die Schultern.

„Beim Umziehen auf der Burg hab ich sie kurz abgelegt, weil ich mit den Eisendingern so schwer laufen kann. Und jetzt finde ich sie nicht mehr."

In dem Moment ertönt eine Fanfare. Ekarius schaut sich hektisch um. Aber weit und breit sind keine Beinröhren zu sehen. Er schüttelt enttäuscht den Kopf.

„Nein, das wird nichts. Gleich beginnt das Turnier und ich kann nicht mitmachen."

Traurig setzt er sich auf den Boden und lässt den Kopf zwischen die Knie sinken.

Dominic runzelt die Stirn. Er muss nachdenken. Plötzlich hat er eine Idee. Er beugt sich nach unten, zieht seine Hosenbeine hoch und löst die Klettverschlüsse von seinen Schienbeinschonern. Wie gut, dass er sich nach dem Fußballtraining nicht umgezogen hat! Stolz wedelt er mit den Schonern vor Ekarius Gesicht hin und her.

„Hier probier mal, das sind meine Schienbein-schoner, äh, ich meine Beinröhren."
Ekarius schaut ihn verständnislos an. Aber als Dominic ihm zeigt, wie man die Klettverschlüsse schließt, grinst er.

„Ach so, das sind deine Röhren. Die sind wirklich schön. Und schützen mich bestimmt wunderbar. Jetzt muss ich mich aber beeilen, sonst fängt das Turnier ohne mich an."

Er rennt los, bleibt aber noch einmal kurz stehen und dreht sich um.

„Danke, lieber Ritter Dominic. Komm bald wieder."

Dominic winkt ihm nach. Er muss gähnen. Die Reisen mit der Wunschmaschine machen ihn immer müde. Er schließt die Augen und ist kurz danach wieder zu Hause in seinem Zimmer.

Die Maschine schiebt er zurück in ihr Versteck. Jetzt muss er nur noch Mama erklären, warum seine Schienbeinschoner weg sind. Ihm wird bestimmt etwas einfallen. Zum Glück wird er deswegen nicht vom Turnier ausgeschlossen!

Der Liebesbrief

Nora wühlt in der Kiste mit den Schreibsachen. Sie will einen Brief schreiben. Für Christopher, ihren Kindergartenfreund.

Ein schönes gelbes Papier hat sie schon ausgesucht und einen Bogen mit Herzchenaufklebern. Jetzt braucht sie nur noch ein Kuvert, dann kann es losgehen. Nora kennt schon alle Buchstaben, aber Wörter schreiben ist schwierig.

Oben auf den Brief klebt sie eines der silbernen Herzen. Darunter malt sie zwei gelbe Ringe und daneben die Buchstaben N und C, so wie Nora und Christopher.

Ja, das sieht schön aus. Unter die Buchstaben malt sie sich und Christopher, die sich an der Hand halten. Dazwischen noch ein rotes Herzchen.

Zufrieden faltet Nora das Blatt zusammen und steckt es in das Kuvert.

„Nora, wir müssen los in den Kindergarten", ruft Mama. Schnell zieht Nora Schuhe und Jacke an. Sie kann es kaum erwarten, Christopher ihren Brief zu geben.

Als sie in die Gruppe kommt, sitzt Christopher mit seinen Freunden Clemens und Lukas in der Bauecke. Nora bleibt ein Stück entfernt stehen und beobachtet die Jungs. Sie bauen einen großen Turm und werfen ihn unter Gejohle um. Dann entdecken die drei Nora.

„Hallo, Nora, was hast du da?", fragt Christopher.

Zögernd hält Nora ihm den Brief hin.

„Für dich", flüstert sie und merkt, wie ihr Gesicht ein bisschen heiß wird.

„Danke", sagt Christopher und öffnet das Kuvert. Als er den Brief anschaut, fangen Clemens und Lukas an zu kichern.

„He, Christopher hat einen Liebesbrief bekommen", ruft Lukas laut.

„Zeig mal", schreit Clemens und reißt Christopher den Brief aus der Hand.

Oh je, jetzt rennt er mit dem Brief durch den Raum und singt:

„Nora liebt Christopher. Nora liebt Christopher."

Und Christopher? Der lacht verlegen und geht zurück in die Bauecke. Da kommt Gabi, die Erzieherin.

„Clemens, lass das", schimpft sie. „Gib sofort den Brief zurück."

Mit einem breiten Grinsen reicht Clemens Nora den Brief.

„Komm, wir gehen", fordert er Lukas auf. „Mädchen sind echt blöd."
Nora spürt, wie ihr die Tränen in die Augen steigen, doch sie lässt sich nichts anmerken. Das war richtig gemein. Und Christopher hat überhaupt nicht zu ihr gehalten. Auf einmal findet sie ihn gar nicht mehr so nett.

Den Rest des Vormittags ist Nora ziemlich ruhig und hat nicht einmal Lust, mit ihren Freundinnen zu spielen. Als Mama sie abholt, fragt sie besorgt: „Was ist denn mit dir los?"

Da fängt Nora an zu weinen. Sie erzählt Mama, dass die Jungs sich über sie lustig gemacht haben.

„Dabei wollte ich Christopher zeigen, dass ich ihn gern mag. Aber jetzt mag ich ihn gar nicht mehr. Und Clemens und Lukas erst recht nicht. Jungs sind bescheuert!"

Mama nimmt Nora in den Arm.

„Das tut mir leid. Ich kann mir vorstellen, wie blöd das für dich war", tröstet sie Nora.

Dann hat sie eine Idee.

„Weißt du was? Es gibt einen Jungen, den du mindestens genau so gern hast wie Christopher. Und der freut sich bestimmt über einen Brief."

Nora sieht Mama zweifelnd an.

„Ich meine Papa", strahlt Mama.

„Aber Papa kann ich doch nicht heiraten", protestiert Nora.

„Nein", stimmt Mama zu, „Papa ist schon mit mir verheiratet. Aber über einen Liebesbrief von dir freut er sich bestimmt trotzdem."

Zu Hause zerknüllt Nora den Brief für Christopher und wirft ihn in den Papierkorb. Auf ein neues Papier schreibt sie mit Mamas Hilfe: „Papa, ich hab dich lieb." Um die Wörter malt sie ganz viele Herzen, einen Papa und eine Nora und einen Kussmund. An den Rand klebt sie die schönsten Glitzeraufkleber, die sie finden kann. Als Papa nach Hause kommt, läuft Nora ihm schon am Gartentor entgegen und hält ihm den Brief hin. Papa öffnet vorsichtig das Kuvert und faltet das Papier auseinander, um den Brief zu lesen. Dann lächelt er.

„Das ist der schönste Brief, den ich je bekommen habe." Er bückt sich und pflückt ein Gänseblümchen von der Wiese.

„Danke", sagt er mit feierlicher Stimme und hält Nora die Blume hin.

Nora ist glücklich. Jetzt hat ihr erster Liebesbrief zum Glück doch noch jemandem eine Freude gemacht. Vielleicht sind ja nicht alle Jungs doof.

16

Papa kennt sich aus

Papa, Timo und seine Schwester Kathi sind heute gemeinsam im Zoo. Gleich am Eingang bleiben sie lange am Meerschweinchengehege stehen und sehen den kleinen Tieren beim Rumlaufen und Fressen zu.

„Und wohin gehen wir als Nächstes?", fragt Papa.

„Ich will zuerst zu den Giraffen", ruft Timo. Kathi nickt zustimmend.

„Lasst mich mal sehen", murmelt Papa und zieht den Plan des Zoogeländes, den er beim Kassenhäuschen am Eingang mitgenommen hat, aus seiner Hosentasche. Timo und Kathi stellen sich neben Papa, um mit auf die Karte schauen zu können.

„Hier!", ruft Kathi und tippt mit ihrem Finger auf ein Gehege. „Da sind die Giraffen."

„Dann müssen wir nur den Weg entlanggehen und dann dort abbiegen", überlegt Timo und fährt mit seinem Zeigefinger den Pfad auf dem Plan ab.

„Ich habe eine bessere Idee", sagt Papa. „Wenn wir gleich hier abbiegen, ist das eine wunderbare Abkürzung."

Die drei gehen los. Erst kommen sie an den Hängebauchschweinen vorbei, dann an den Eulen.

„Und wo sind jetzt die Giraffen?", fragt Kathi.

„Die kommen bestimmt als Nächstes", ist sich Papa sicher. Aber im nächsten Gehege wohnt ein Luchs, der sich so gut versteckt hat, dass er nirgendwo zu sehen ist.

„Ich will jetzt endlich zu den Giraffen", mault Timo.

„Da rüber", lotst Papa alle auf einen kleinen Weg ganz rechts.

„Bist du dir sicher, dass das hier richtig ist?", fragt Kathi skeptisch.

„Keine Angst, ich kenn mich aus", sagt Papa.

Wenige Minuten später stehen sie vor einer Scheune.

„Hier geht's nicht weiter", ruft Timo.

„Was macht ihr denn hier?", fragt eine Stimme. Sie gehört dem Tierpfleger, der eine Schubkarre aus dem Schuppen schiebt.

„Wir wollen zu den Giraffen", erklärt Kathi.

„Da seid ihr hier aber ganz falsch", lacht der Tierpfleger. Papa sieht ihn verdutzt an.

„Aber wo ihr schon mal da seid, könnt ihr mit mir

mitkommen. Ich bin auf dem Weg zu den Zebrafohlen. Die bekommen von mir frisches Heu. Wollt ihr?"

„Ja!", jubeln Kathi und Timo gleichzeitig.

Gleich neben der Scheune ist der Stall der Fohlen. Timo und Kathi dürfen einen Blick hineinwerfen, während der Tierpfleger die Tiere füttert.

„Sind die niedlich", flüstert Kathi, so leise, dass die kleinen Zebras nicht erschrecken. Am liebsten würde sie eines der Fohlen mit nach Hause nehmen. Aber das geht natürlich nicht, denn ihre Wohnung ist ja viel zu klein für ein Zebra.

„Jetzt geht ihr am besten den Weg bis zur Gabelung wieder zurück. Zu den Giraffen müsst ihr dann rechts abbiegen", informiert sie der Tierpfleger. Timo und Kathi winken ihm zum Abschied zu.

Papa wirft vorsichtshalber noch einen Blick auf seinen Zooplan, dann gehen die drei in die Richtung, die ihnen der Mann gezeigt hat. Nach fünf Minuten stöhnt Kathi: „Müssten wir nicht schon längst bei den Giraffen sein?"

Papa bleibt stehen und sieht sich suchend um.

„Da vorne!", ruft Timo und rennt los. Papa und Kathi laufen hinter ihm her. Nach wenigen Metern bleibt Timo stehen und grinst.

„Aber das ist doch gar nicht das Giraffengehege", stellt Papa fest.

„Stimmt. Aber ein Kiosk. Und da gibt es Eis. Können wir eins haben?", fragt Timo.

„Genau, ich brauche auch dringend eine Abkühlung. Deine Abkürzung war nämlich ein ziemlicher Umweg", mischt sich Kathi ein. Papa zuckt zerknirscht mit den Schultern.

„Das stimmt. In Ordnung, ihr könnt ein Eis haben."

„Und Papa …?", sagt Kathi und tippt ihn am Arm an.

„Was denn noch?", fragt Papa kleinlaut.

„Schau mal da!" Kathi zeigt auf das Gehege neben dem Kiosk.

„Giraffen!", jubelt Timo. Endlich sind sie angekommen.

„Na, so lange hat unsere Suche nach dem richtigen Gehege ja gar nicht gedauert, oder?", murmelt Papa und grinst. Timo und Kathi werfen sich einen Blick zu und fangen an zu lachen.

„Und jetzt eine Runde Eis für alle!", ruft Papa erleichtert.

Paulina ist unsichtbar

Paulina sitzt in der Küche und spitzt die Ohren. Ihre große Schwester Nelli hat heute Besuch. Und zwar von Fabian.

Paulina hört Fabians Stimme aus Nellis Zimmer und dazu das Kichern ihrer Schwester. Zu gern würde sie hören, was die beiden reden! Das ist bestimmt furchtbar lustig.

Aber Nelli hat ihr verboten, ins Zimmer zu kommen. Und an der Tür lauschen darf sie auch nicht. Außerdem hat Paulina heute Nacht nicht gut geschlafen und ist furchtbar müde und schlecht gelaunt.

„Na toll", denkt sie grimmig, „Nelli und Fabian haben Spaß, Mama ist zu Besuch bei der Nachbarin und keiner will mich dabeihaben. Am besten wäre es, wenn ich gar nicht da wäre."

Bei dem Gedanken kommt Paulina eine Idee. Sie wird sich einen Zaubertrank brauen, der sie unsichtbar macht.

Paulina holt sich drei Päckchen Brause aus der Küchenschublade. Mit der Schere schneidet sie die Ecken ab und schüttet das Pulver in ein großes Glas. Dazu kommen ein Schuss Zitronensaft, ein Klecks Himbeermarmelade und ganz viele von den bunten Zucker-perlen, die sie immer zum Verzieren der Plätzchen benutzen. Mit dem Löffel vermischt Paulina die Zutaten und schüttet anschließend Wasser dazu, bis das Glas fast voll ist. Das Gemisch blubbert und schäumt wie wild.

Paulina führt das Glas zum Mund. Ein bisschen zuckt sie zurück, weil der Trank ungewohnt schmeckt. Aber dann kippt sie den gesamten Inhalt hinunter und stellt das leere Glas auf den Tisch. Doch leider spürt Paulina außer dem seltsamen Geschmack im Mund gar nichts. War ja klar: einen Zaubertrank, der unsichtbar macht, gibt es nicht wirklich.

Dann muss sie es anders probieren. Wenn man sich etwas ganz fest vorstellt, fühlt es sich manchmal richtig echt an. Das hat sie schon oft ausprobiert. Also kneift sie die Augen zusammen und stellt sich vor, sie wäre unsichtbar. Sie malt sich aus, wie ihre Arme und Beine verschwinden und sie immer durchsichtiger wird, bis sie ganz weg ist. Ein bisschen fangen ihre Finger dabei an zu kribbeln. Als Nächstes die Füße, die Arme und die Beine und zum Schluss fühlt sich ihr ganzer Körper leicht und kribbelig an. Nur die Augenlider sind ganz schwer. Zweimal atmet Paulina noch ein und aus, dann hat sie es geschafft. Sie kann ihre Arme und Beine nicht mehr sehen – sie ist unsichtbar!

Jetzt will sie unbedingt in Nellis Zimmer. Mühelos zischt Paulina durch die Holztür und setzt sich unbemerkt unter Nellis Schreibtisch. Ihre Schwester liegt auf dem Sofa und hat die Beine über die Lehne gehängt. Fabian lümmelt auf Nellis Bett und starrt auf einen kleinen Bildschirm. Na, das hat Paulina sich aber lustiger vorgestellt. Fabian spielt ein Computerspiel und wackelt dabei hektisch mit seinem Gerät herum.

Und Nelli? Die hält das Telefon ans Ohr und spricht mit jemandem. Das muss ihre Freundin Victoria sein. Die beiden

kichern immer, wenn sie miteinander telefonieren.

Da hört Paulina, wie die Wohnungstür aufgeht.

„Hallo, ich bin wieder da", ruft Mama. Kurz darauf klopft es an der Tür und Mama schaut in Nellis Zimmer.

„Hallo Nelli, hallo Fabian, habt ihr Paulina gesehen?", fragt sie. Die beiden schütteln den Kopf, ohne richtig hochzuschauen.

„Paulina, wo bist du?", ruft Mama und läuft hektisch durch die Wohnung. Ob sie sich Sorgen macht? Jetzt rennt Mama aus der Tür und klingelt bei der Nachbarin.

Ihre Stimme klingt sehr besorgt: „Ich finde Paulina nicht. Als ich weg bin, war sie noch da, jetzt ist sie verschwunden. Was soll ich denn nur machen?"

Die Nachbarin versucht, Mama zu beruhigen. Doch Mama weint

fast und sagt: „Einmal sehe ich noch zu Hause nach. Wenn ich sie dann nicht finde, gehe ich zur Polizei."

Oh je, Paulina bekommt einen großen Schreck. Mama soll sich nicht solche Sorgen machen. Und sie soll auf keinen Fall zur Polizei gehen!

Paulina kneift die Augen ganz fest zusammen und denkt mit aller Kraft: „Sichtbar werden." Sie muss sich ziemlich anstrengen, um die Augen wieder zu öffnen, so schwer sind ihre Augenlider. Als sie es geschafft hat, bemerkt sie, dass sie am Küchentisch sitzt. Vor ihr auf dem Tisch steht das leere Glas mit dem Zaubertrank.

Da kommt Mama und in die Küche und sagt: „Hallo Paulina."

Paulina ist erleichtert, weil Mama sie sehen kann. Schnell stellt sie das Glas in die Spüle.

„Hallo Mama", murmelt sie, „ich glaube, ich bin ich kurz eingeschlafen".

Mama lächelt und gibt Paulina einen Kuss auf die Stirn.

„Na so was. Ich konnte dich nirgends finden. Wollen wir zusammen etwas spielen?"

„Au ja", freut sich Paulina. Jetzt ist sie gar nicht mehr schlecht gelaunt. Und gar nicht mehr müde. Sie läuft in ihr Zimmer, um ein schönes Spiel auszusuchen. Eigentlich ist sichtbar sein doch schöner als unsichtbar sein, findet sie. Das nächste Mal will sie sich etwas anderes vorstellen.

Gute Laune zum Mitnehmen

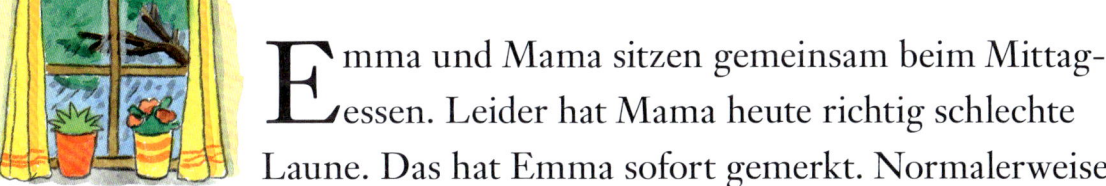

Emma und Mama sitzen gemeinsam beim Mittag-essen. Leider hat Mama heute richtig schlechte Laune. Das hat Emma sofort gemerkt. Normalerweise lacht Mama, wenn sie zusammen essen. Aber heute schaut sie ganz ernst.

„So ein blödes Wetter", sagt Mama und schaut aus dem Fenster. Draußen regnet es und der Wind lässt die Äste an den Bäumen schaukeln.

„Wollen wir etwas spielen?", fragt Emma. Sie kennt ein ganz lusti-ges Spiel aus dem Kindergarten. Damit kann sie Mama bestimmt aufheitern.

„Das geht nicht. Gleich kommt Oma und passt auf dich auf. Das habe ich dir doch erzählt. Ich muss noch zum Einkaufen. Und das bei diesem Wetter", brummt Mama.

Emma freut sich auf Oma. Aber noch mehr würde sie sich freuen, wenn Mama bessere Laune hätte.

„Ich mal dir ein Bild", sagt Emma, springt auf und läuft in ihr Zimmer. Sie holt ihren Malblock und ihre Buntstifte und setzt sich damit auf den Boden. Was könnte sie nur malen? Emma fängt mit einer Wiese an. Darauf malt sie bunte Blumen. Oben auf das Blatt malt sie eine Sonne. Wenn Mama sich über den Regen ärgert, dann wird sie sich über ein Sonnenbild bestimmt freuen. Emma betrachtet ihr Kunstwerk.

„Ziemlich leer", findet sie. Darum sucht sie
noch einmal einen Stift heraus und malt
weiter.

Nach wenigen Minuten ist sie fertig. Emma reißt
das Blatt vorsichtig aus ihrem Block und flitzt damit in die Küche
zu Mama. Die packt gerade Geldbörse und Einkaufszettel in ihre
Einkauftasche. Da klingelt es.

„Das ist bestimmt Oma", sagt Mama und geht in den Flur, um die
Tür zu öffnen. Emma wedelt mit dem Bild und läuft hinter Mama
her.

„Ich geh dann", sagt Mama, als Oma in die Wohnung tritt.

„Halt!", ruft Emma.

„Hallo Emma, willst du mich gar nicht begrüßen?", fragt Oma
verdutzt.

„Doch, gleich. Erst muss ich noch etwas erledigen." Emma zieht
Mama am Ärmel.

„Ich hab etwas für dich", sagt sie und hält Mama das Bild hin.

„Das kannst du mitnehmen."

Mama sieht sich alles auf dem Blatt Papier genau an.

„Schau, auf meinem Bild scheint die Sonne", erklärt Emma.

In die Mitte des Bildes hat Emma eine Frau gemalt.

„Das bist du", sagt sie und deutet darauf. Mama nickt.

„Und du hast gute Laune, siehst du?", redet Emma weiter.

Da fängt Mama an zu lächeln.

„Ich mag es nämlich nicht, wenn du so schlecht gelaunt bist",
murmelt Emma ganz leise.

Mama beugt sich zu Emma herunter, nimmt sie in den Arm und lacht.

„Das kann ich verstehen. Manchmal ist das eben so. Aber dein Bild finde ich sehr schön. Da bekomme ich gleich gute Laune", sagt sie und wuschelt Emma durch die Haare.

„Wirklich?", fragt Emma und sieht Mama genau an. Mama lächelt und nickt. Das ist ein gutes Zeichen.

„Gut. Das Bild kannst du zum Einkaufen mitnehmen. Dann hast du die gute Laune dabei", erklärt Emma zufrieden.

Jetzt muss Mama richtig laut lachen.

„Gute Laune zum Mitnehmen", kichert sie.

Emma hört, dass auch Oma hinter ihr lacht.

„Und jetzt können wir etwas zusammen spielen, Oma", sagt sie und winkt Mama zum Abschied zu.

„Bis später", ruft Mama und das klingt richtig fröhlich.

„Was wollen wir denn spielen?", fragt Oma, als Mama gegangen ist.

„Ich kenne ein lustiges Spiel aus dem Kindergarten. Das macht auch gute Laune. Spielst du es mit mir?", fragt Emma.

„Gerne. Aber gute Laune habe ich heute ganz von selbst", schmunzelt Oma.

Emma lacht und hüpft schon einmal voraus in ihr Zimmer. Sie hat auch richtig gute Laune.

Zelten mit Hindernissen

Papa hat morgen frei. Darum wollen Jana und Philip heute mit ihm im Garten zelten. Das hat Papa ihnen fest versprochen.

„Los, wir bauen das Zelt gleich auf", drängelt Jana nach dem Abendessen.

Sie springt auf und läuft in den Keller. Papa und Philip folgen ihr. Neben der Waschmaschine im Schrank sind alle Sachen, die man zum Zelten braucht. Papa öffnet die Schranktür und zieht drei Schlafsäcke heraus. Dann nimmt er den großen Sack, in dem das Zelt verpackt ist. Gemeinsam schleppen sie alles nach oben und stellen es im Wohnzimmer ab. Jana öffnet die Terrassentür. „Dort soll das Zelt stehen", bestimmt sie und deutet auf den freien Platz in der Mitte des Rasens.

Plötzlich hört Jana ein Grollen und Rumpeln. Sie sieht, wie sich die Äste an den Bäumen erst ein bisschen und dann immer stärker biegen. Jetzt wird es richtig dunkel. Jana macht einen Schritt nach draußen auf die Terrasse und legt den Kopf in den Nacken, um hoch zum Himmel zu schauen. Dicke Wolken haben sich vor die Sonne geschoben. Schon fallen die ersten Regentropfen und treffen Jana auf Stirn und Nasenspitze.

„Komm rein, sonst wirst du ganz nass", sagt Papa, zieht Jana nach drinnen und schließt die Glastür.

„Aus unserem Plan wird heute wohl nichts", stellt Papa fest.
Draußen regnet es jetzt so stark, dass man das nicht nur sehen,
sondern auch hören kann. Der Regen trommelt auf die Fenster-
scheiben und auf das Hausdach. Außerdem weht ein ziemlich hef-
tiger Wind. Der biegt die Äste an den Bäumen hin und her.

„Manno!" Jana stampft ärgerlich mit einem Fuß auf den Boden.
„Du hast es uns versprochen!", ruft sie.

Philip schiebt seine Unterlippe nach vorne und nickt.

„Wenn es so stark regnet, macht Zelten aber keinen Spaß. Dann werden wir alle nass und bekommen zum Schluss noch eine Erkältung." Papa lässt nicht mit sich reden.

„Wir müssen das Zelten eben auf ein anderes Mal verschieben."
Jana ist so enttäuscht, dass sie einen ganz dicken Kloß im Hals hat. Sie schluckt und schluckt, damit er wieder verschwindet. Jana sieht zu Philip und merkt, dass aus seinen Augen zwei Tränen kullern.

„Der Regen ist blöd. Und der Wind ist blöd. Und ich will zelten",
schluchzt er leise.

Da hat Jana eine Idee: „Wenn wir draußen nicht zelten können, dann machen wir es eben drinnen."

Philip hört auf zu weinen und sieht Jana neugierig an.

„Wie meinst du das?", fragt Papa.

„Ganz einfach: Wir zelten im Wohnzimmer." Jana verschränkt ihre Arme und sieht Philip und Papa triumphierend an.

„Man kann im Wohnzimmer doch kein Zelt aufstellen.

Die Heringe muss man tief in den Boden stecken. Das klappt nur in der Erde, aber nicht auf unserem Teppich." Papa schüttelt den Kopf.

„Wir brauchen dazu ja nicht das richtige Zelt. Wir bauen uns selbst ein Zelt für drinnen", lacht Jana und läuft aus dem Zimmer. Als sie wieder auftaucht, trägt sie so viele

Decken und Kissen, dass sie hinter dem Deckenberg kaum noch zu sehen ist.

„Papa, du rückst den Tisch in die Mitte", kommandiert Jana, während sie die Decken und Kissen auf den Boden legt. Über den Tisch breitet Jana ein großes Betttuch. Es reicht bis zum Boden. Sie schiebt das Tuch etwas beiseite und polstert den Teppichboden unter dem Tisch mit Kissen und ihrer Bettdecke aus.

„Jetzt müssen nur noch die Schlafsäcke rein", stellt Jana zufrieden fest.

Philip krabbelt jubelnd in das fertige Zelt.

Papa schmunzelt. „Das ist wirklich eine gute Idee. Dann kann ich ja jetzt doch noch das Schokoladeneis aus dem Kühlschrank holen, das ich für unser Zelten eingekauft habe."

„Ja, lecker. Ich liebe Schokoeis!", freut sich Jana.

„Und ich liebe Zelten", ruft Philip unter dem Tisch hervor.

„Ich auch, solange es trocken ist", lacht Papa. Dann nimmt er Jana in den Arm und drückt ihr einen Kuss auf die Nasenspitze.

Die Schatzsuche

Heute ist viel los auf der großen Wiese neben dem Spielplatz. Leon spielt mit Konstantin und Gabriel Fußball. Dennis und Jakob schauen zu. Auch Nadia und Stella, die auf dem Klettergerüst sitzen, beobachten das Fußballspiel.

Nach einer Weile hat Leon genug.

„Lasst uns was anderes spielen", schlägt er vor. Er hat auch eine Idee: „Wir machen eine Schatzsuche."

Die anderen sind einverstanden. Nadia und Stella steigen vom Gerüst und wollen mitmachen.

„Wir bilden zwei Teams", erklärt Leon.

„Eine Gruppe versteckt den Schatz, die andere sucht."

Die Aufteilung geht schnell. Leon ist mit Konstantin, Nadia und Stella in einem Team, Gabriel mit Dennis und Jakob in dem anderen.

„Wir sind die Verstecker", bestimmt Leon.

Die Mädchen laufen zu Stella nach Hause, um nach einem geeigneten Schatz zu suchen. Kurz darauf kommen sie mit einer Holzkiste zurück.

„Ihr dürft nicht reinschauen", mahnt Stella und hält die Kiste ganz fest zu. Als Nächstes geht das Versteckerteam zu Leon nach Hause, um die Schatzkarte vorzubereiten. Die Sucher warten so lange auf der Wiese.

„Ich weiß, wo das beste Versteck ist", freut sich Konstantin.

„In dem Loch im großen Baum im Park."

Die anderen sind einverstanden. Konstantin und Stella laufen los, um die Truhe in dem Baum zu verstecken. Währenddessen malt Nadia die Schatzkarte, weil sie am besten zeichnen kann. Unten in die Ecke kommt die Wiese neben dem Spielplatz. Von da aus zeichnet sie Pfeile in verschiedene Richtungen, rechts und links um die Ecken bis zum Park am Ende ihrer Siedlung. In den Grünstreifen malt sie einen großen Baum, daneben ein rotes Kreuz. Jetzt kommen Stella und Konstantin zurück und die vier machen sich auf den Weg zurück zur Wiese.

Dennis, Jakob und Daniel warten schon gespannt. Als Nadia ihnen die Schatzkarte überreicht, beugen sie sich gemeinsam über das Papier.

„Das ist einfach", freut sich Dennis, „ich weiß, wo das Versteck ist."

Sofort laufen die drei los.

„Wir warten hier auf euch", ruft Leon ihnen nach.

Dann spielen sie Verstecken. Und Fangen …

Irgendwann sagt Leon: „Das dauert aber lange."

Ja, das finden die anderen auch.

„Vielleicht ist etwas passiert?", vermutet Stella.

Nadia runzelt besorgt die Stirn.

„Oh je!" Konstantin reißt die Augen auf.

„Vielleicht sind sie von einem Auto überfahren worden?"

„Nein, das kann nicht sein", beruhigt Stella. Schließlich mussten sie keine einzige Straße überqueren.

„Oder der große Hund, der jetzt immer im Park herumstreunt, hat jemanden gebissen", überlegt Nadia.

„Wir müssen sie suchen", beschließt Leon.

„Wir gehen den Weg von der Schatzkarte ab, dann finden wir sie bestimmt."

Gemeinsam laufen sie los. Doch als sie zu dem großen Baum im Park kommen, ist niemand zu sehen. Jetzt wird es den vieren richtig mulmig.

„Es muss irgendwas Schlimmes passiert sein", jammert Stella. Ihre Stimme hört sich an, als ob sie gleich weinen muss.

„Pssst", macht Leon plötzlich. Er hat etwas gehört. „Seid mal leise."

Jetzt hören es die anderen auch: Die Stimmen ihrer Freunde rufen in der Ferne. Sofort rennen alle los und schreien.

„Hallo, hier sind wir. Wo seid ihr? Hallo!"

Es dauert nicht lange, da sehen sie die drei um die Ecke biegen und bestürmen sie mit Fragen.

„Wo wart ihr? Was ist passiert? Warum wart ihr nicht hier?"

„Na, wir haben den Schatz gesucht", antwortet Dennis, „aber an der eingezeichneten Stelle war er nicht."

Das versteht Leon nicht.

„Wieso? Ihr wart doch gar nicht bei dem großen Baum."

„Doch", entgegnet Dennis, „ganz hinten auf der Fußballwiese."

Leon stutzt und sieht Dennis fragend an.

„Na, da wo das Kreuz ist." Er hält Leon die Karte hin.

Der schüttelt den Kopf.

„Aber das Kreuz ist doch hier neben dem Baum im Park." Leon kneift die Augen zusammen und betrachtet aufmerksam die Karte.

„Jetzt verstehe ich", ruft er dann. „Ihr habt die Karte falsch herum gehalten."

Er zeigt seinen Freunden, was er meint.

„Schaut", erklärt er, „wenn man die Karte so rum hält, führen die Pfeile hier entlang und dann zum Park."

Er dreht die Karte um.

„Aber wenn man sie so hält, dann zeigen die Pfeile zur Fußball-wiese."

Jetzt verstehen alle, was passiert ist und müssen lachen.

„Na dann mal los zum richtigen Baum", ruft Nadia erleichtert und alle rennen los.

Stella holt die Kiste aus dem Astloch und stellt sie auf den Boden. Gabriel darf sie öffnen. Oh lecker! In der Kiste sind Schokotaler für alle. Zufrieden machen sich die Kinder über den Schatz her. Danach ist es Zeit, nach Hause zu gehen. Leon freut sich schon darauf, beim Abendessen von der abenteuerlichen Schatzsuche zu erzählen.

Der müde Löwe

Heute macht Julian mit seiner Vorschulgruppe einen Ausflug in den Tierpark. Sie waren schon bei den Pinguinen, den Krokodilen und den Affen. Als Nächstes geht es zu den Löwen.

„Kommt, ich zeig euch den Weg", ruft Julian und geht den anderen voran. Er war schon oft im Tierpark und kennt sich aus. Schon von Weitem sehen sie den großen Hügel in der Mitte des Löwengeheges. Umgeben von einer dicken Glaswand wohnen die Löwen in einer Anlage mit einer großen Wiese, mehreren Bäumen und Büschen und einem Wassergraben.

Heute stehen viele Besucher an der Glaswand und beobachten die Tiere. Roberta, die Erzieherin, winkt die Vorschulkinder zu sich und lässt sie an den Erwachsenen vorbei nach vorne treten, damit sie besser sehen können.

Die beiden Löwinnen sitzen im Gras und bewegen sich fast gar nicht, nur die Ohrenspitzen wackeln ein bisschen. Doch wo ist der Löwe?

Plötzlich schreit ein Besucher, „Schaut, er kommt!", und wedelt mit dem Finger. Da sieht Julian den Löwen ganz am Rand des Geheges. Er heißt Leo, das hat Roberta den Kindern vorhin vorgelesen. Leo stapft jetzt innen am Wassergraben entlang. Julian hört ein Raunen von den Zuschauern. Was haben die bloß? Auf einmal schreien sie laut auf und einer ruft: „Achtung, es geht los!"

Jetzt kann Julian erkennen, warum die Leute so aufgeregt sind. Leo hat sich zu den Besuchern gewandt und sperrt sein Maul ganz weit auf. Die Kinder quietschen vor Aufregung: „Schaut mal, der brüllt ganz schrecklich!"

Benedikt und Bastian rennen ein Stück von der Glaswand weg und kreischen. „Hilfe, der ist gefährlich!"

Roberta versucht, die Kinder zu beruhigen.

„Ihr müsst keine Angst haben. Der Löwe ist doch im Gehege und kann nicht raus."

Julian beobachtet Leo ganz genau. Der Löwe sieht gar nicht gefährlich aus, eher ein bisschen traurig. Das will Julian den anderen gerne sagen, aber die schreien schon wieder. Zwei Besucher klopfen wild gegen die Scheibe, als Leo sich umdreht und wieder am Graben entlangstapft.

Irgendwie hat Julian das Gefühl, der Löwe möchte vor den Besuchern weglaufen. Doch das gelingt ihm nicht. Kaum ist er am anderen Ende angekommen, sind schon wieder Menschen an der Glaswand und machen Lärm. Erneut sperrt der Löwe sein Maul weit auf und wieder schreien und kreischen alle ganz aufgeregt.

Das gefällt Julian gar nicht. Er zupft Roberta am Ärmel.

„Du, Roberta, können die Leute denn nicht aufhören zu schreien? Die stören den Löwen doch."

Roberta sieht ihn verwundert an.

„Hm, die Leute schreien, weil sie Leo so aufregend finden. Aber vielleicht hast du recht und das stört den Löwen."

Sie denkt kurz nach. Dann stellt sie sich auf eine kleine Mauer neben dem Gehege und ruft: „Hallo, könnt ihr mal kurz zuhören." Die Kinder und alle Besucher drehen sich zu Roberta um und wollen hören, was sie zu sagen hat.

„Julian und ich glauben, dass wir den Löwen mit unserem Geschrei stören."

Einige von den Besuchern schütteln ungläubig den Kopf. Ein Kind ruft: „Der ist doch so laut. Er erschreckt uns mit seinem gefährlichen Gebrüll."

„Das stimmt nicht", sagt Roberta, „schaut mal genau hin. Und vor allem seid kurz still. Psst." Sie hält den Finger vor den Mund. Ganz leise beobachten alle, wie der Löwe am Ende des Geheges ankommt, sich zu ihnen dreht und das Maul aufsperrt. Und da hören sie es: ... nichts! Kein Ton kommt aus Leos Maul.

„Seht ihr", lächelt Roberta, „der Löwe ist gar nicht gefährlich. Stimmt's Julian?"

Julian nickt und sagt ganz laut, damit alle es hören können: „Leo ist müde. Er gähnt die ganze Zeit und versucht, einen ruhigen Platz zum Schlafen zu finden. Aber ihr schreit so laut, dass er das nicht kann."

Alle schauen verdutzt. Eine Frau fängt an zu lachen.

„Also so was", sagt sie zu ihren Kindern, „da hätten wir auch selber drauf kommen können. Dann lassen wir den armen Löwen jetzt mal in Ruhe."

Nach und nach gehen die Zuschauer davon und schlendern weiter durch den Tierpark. Nur Julian und die anderen Kinder bleiben ganz leise in der Nähe stehen. So können sie beobachten, wie Leo sich endlich hinlegt, die Augen schließt und kurz darauf friedlich einschläft.

„Gut gemacht, Julian", sagt Roberta, „du hast Leo wirklich geholfen."

Und dann hat sie noch einen Vorschlag.

„Wenn wir einen Tierpfleger sehen, sagen wir Bescheid. Vielleicht kann der Tierpark ein Schild vor dem Gehege anbringen. Dann wissen alle Besucher in Zukunft, dass sie die Löwen beobachten, aber nicht stören sollen."

Die Idee gefällt Julian. Zufrieden folgt er den anderen Kindern zum nächsten Tiergehege.

Tristans Treffer

Tristan ist heute mit seinen Freunden auf dem Fußballplatz.

Gleich beginnt das Spiel gegen die G-Jugend-Mannschaft des FC Grün-Blau. Das letzte Spiel gegen den FC hat Tristans Mannschaft leider verloren. Aber heute wollen sie unbedingt gewinnen.

„Ich bin sicher, ihr schafft das", sagt Robert, der Trainer.

„Tristan, du bist unser bester Torwart." Robert klopft Tristan auf die Schulter. Tristan lächelt. Er findet es schön, wenn der Trainer sagt, dass er der beste Torwart ist.

Dann sieht Robert zu Ina und Elias. „Ina, du bleibst vor dem Tor. Und Elias, du machst es so wie beim letzten Spiel. Du bist unser bester Torschütze."

Elias grinst stolz. Tristan hat aufgehört zu lächeln. Denn er selbst hat bei einem Spiel noch nie ein Tor geschossen. Als Torwart ist er immer nur dafür zuständig, die Schüsse der Gegner zu halten.

„Ich wäre bestimmt auch ein guter Torschütze", murmelt Tristan. Aber so leise, dass es niemand hören kann.

„Es geht los!", ruft der Schiedsrichter, der schon mit dem Ball in der Mitte des Fußballfeldes steht. Tristan, Elias und die anderen aus der Mannschaft laufen gleichzeitig mit den Kindern des FC Grün-Blau auf den Platz. Tristan stellt sich ins rechte Tor. Dann pfeift der Schiedsrichter. Das Spiel beginnt.

Sofort hat ein Spieler des FC Grün-Blau den Ball. Er dribbelt damit

auf Tristans Tor zu und schießt. Tristan geht in die Hocke. Er springt dem Ball entgegen und fängt ihn ab.

Das Spiel geht weiter. Diesmal erwischt Elias den Ball und läuft damit auf das andere Tor zu. Tristan beobachtet alles von seinem Platz aus ganz genau. Er sieht, wie Elias mit seinem Bein weit ausholt. Gerade will er schießen. Da kommt ein Spieler des FC Grün-Blau angelaufen. Er rennt so schnell auf Elias zu, dass er nicht mehr abbremsen kann und ihn umschubst. Elias fällt hin und bleibt auf dem Boden liegen.

Der Schiedsrichter pfeift.

„Das war ein Foul. Darum gibt es einen Elfmeter", beschließt er.

„Elias, du schießt", ruft Robert ins Spielfeld. Aber Elias liegt immer noch auf dem Boden und weint. Als Robert es bemerkt, läuft er zu Elias. Tristan und die anderen kommen auch dazu.

„Ich glaube, Elias hat sich wehgetan. Er braucht eine Pause", sagt Robert und hilft Elias aufzustehen. Ina und Tristan haken sich bei Elias unter und begleiten ihn zur Bank am Spielfeldrand, wo sich Elias ausruhen kann. Als sie wieder auf dem Spielfeld stehen, schaut Robert ernst von einem zum anderen.

„Wenn Elias den Elfmeter nicht schießen kann, dann muss das einer von euch machen." Robert überlegt. Dann zeigt er mit dem Finger auf Tristan.

„Wie wäre es? Traust du dich zu schießen?", fragt er. Tristan klappt überrascht den Mund auf. Ihm ist plötzlich ganz heiß. Aber dann fängt er an zu nicken.

Ganz ruhig nimmt er den Ball und legt ihn vor dem Tor des FC Grün-Blau zurecht. Der Schiedsrichter pfeift. Tristan macht ein paar Schritte zurück und nimmt Anlauf. Er holt aus. Dann schießt er den Ball so fest er kann. Mit großen Augen verfolgt Tristan, wie der Ball auf das Tor zufliegt. Bumm! Er zischt neben dem Torwart vom FC Grün-Blau ins Netz.

„Tor!", jubelt Robert. Alle Kinder aus Tristans Mannschaft kommen hergelaufen. Sogar Elias humpelt aufs Spielfeld.

„1:0!", schreit Tristan und springt in die Luft. Alle anderen klatschen begeistert.

„Ich wusste, dass ich auch gut Tore schießen kann", flüstert Tristan. Dann geht er grinsend zurück in sein Tor, denn das Spiel geht weiter. Er will gemeinsam mit seiner Mannschaft ja schließlich gewinnen. Und dazu muss er jetzt wieder als Torwart alle Schüsse der anderen halten.

Alex wird Fernsehstar

Alex sitzt im Wohnzimmer auf dem Sofa und sieht fern. Gerade läuft ein Film über Tiere auf dem Bauernhof. Der Bauer erklärt, wie die Kühe gemolken werden. Alex gähnt. Er sieht sehr gern fern, aber er wird dabei immer so müde. Auf einmal spürt er, wie etwas nach seiner Hand greift. Alex hat keine Zeit, darüber nachzudenken, was das ist, denn im selben Moment spürt er einen starken Ruck und merkt, wie er in den Fernseher hineingezogen wird.

„Was war das? Wo bin ich? Was ist hier los?"

Ungläubig zieht Alex die Stirn in Falten. Statt in seinem Wohnzimmer ist er jetzt auf dem Bauernhof, den er eben noch im Film gesehen hat. Das kann doch nicht sein! Alex kneift die Augen für einen Moment fest zusammen. Als er sie wieder öffnet, ist er immer noch auf der Wiese vor dem Kuhstall. Die Kühe scheinen nur auf ihn gewartet zu haben.

„Na, wenn das so ist und ich schon einmal da bin, werde ich das

Melken gleich ausprobieren", denkt Alex und versucht, sich daran zu erinnern, was der Bauer erklärt hat.

Vorsichtig geht er auf eine Kuh zu. Ganz langsam greift er nach ihrem Euter und beginnt, mit den Fingern zu drücken und leicht zu ziehen. Es klappt! In einem schönen Strahl schießt die Milch in den Eimer. Das gefällt Alex. Hier auf dem Bauernhof ist es richtig toll. Jetzt muss er unbedingt weiter, um die anderen Tiere und die Bauernfamilie zu besuchen.

Doch da sieht er durch die offene Stalltür eine glitzernde Scheibe. Die sieht genau so aus wie sein Fernseher, wenn er ausgeschaltet ist. Wenn er genau hinsieht, kann er darauf etwas erkennen. Alex stutzt. Das ist doch … sein Wohnzimmer!

Das ist verrückt: Alex ist auf dem Bauernhof und sieht im Fernseher, was bei ihm zu Hause passiert! Plötzlich kommt seine große Schwester Vera ins Bild.

Alex versteckt sich hinter einem Strohballen. Er will nicht, dass Vera ihn sieht. Die sagt bestimmt bloß wieder, er hätte etwas kaputt gemacht. Jetzt greift Vera nach der Fernbedienung und drückt entschlossen auf einen Knopf.

Wusch! Alex spürt, wie er vom Boden abhebt. In der Luft wirbelt er wild im Kreis, dann wird er langsamer und kommt ganz sanft wieder auf den Beinen auf.

Er ist jetzt nicht mehr auf dem Bauernhof. Zu Hause ist er auch nicht. Neugierig blickt Alex sich um. Er befindet sich in einem großen Raum mit grauen Wänden aus Schaumgummi. Von den Ständern in der Mitte des

Raumes hängen Mikrofone und an den Wänden lehnen verschiedene Musikinstrumente. Das muss ein Musikstudio sein. Oh nein, Vera hat auf eine dieser blöden Musikshows umgeschaltet, die sie so gerne anschaut.

Und Alex ist wohl einer der Sänger und soll im Studio ein Lied aufnehmen. Das gefällt ihm überhaupt nicht. Alex blickt an sich herunter. Wie peinlich: Er trägt einen bunten Glitzeranzug und dazu Cowboystiefel. Um seine Schulter hängt eine E-Gitarre. Hilfe, jetzt geht es los, die ersten Takte der Musik erklingen. Alex kann gar nichts dagegen tun: Sofort fängt er an, wild mit den Hüften zu wackeln und mit lauter Stimme einen scheußlichen Schlager zu trällern.

Aus den Augenwinkeln sieht er, dass wieder jemand ins Wohnzimmer kommt. Es ist Mama. Sie schickt Vera hinaus. Hoffentlich erkennt sie ihn nicht! Doch ihr scheint nichts aufzufallen. Während Alex noch singt, greift Mama nach der Fernbedienung und drückt ganz fest den Knopf.

Zisch! Das Bild fällt in sich zusammen und Alex spürt, wie er aus dem Fernseher herausgeschleudert wird.

Im nächsten Moment sitzt er wieder auf dem Sofa, als ob nichts gewesen wäre.

„So Alex, genug ferngesehen", sagt Mama.

Alex nickt wortlos und steht auf. Ausnahmsweise murrt er nicht. Für heute hat er wirklich genug vom Fernsehen! Jetzt muss er erst einmal in Ruhe darüber nachdenken, wie ihm so etwas Verrücktes passieren konnte.

Ein Armband für Räuber Blitzeblotz

Blitzeblotz ist der gefährlichste Räuber weit und breit. Er hat einen langen Schnurrbart und Hände so groß wie Suppenteller. Und er klaut sich alles, was er haben will: Edelsteine, Kuckucksuhren und Marzipanschokolade. Dazu stellt er sich einfach vor die Leute, denen er ihre Sachen stehlen will, und ruft: „Hohoho, ich bin der Räuber Blitzeblotz. Gib mir sofort, was ich will, sonst passiert etwas!"

Dann fangen die Leute augenblicklich an zu schlottern wie Wackelpudding und geben Blitzeblotz freiwillig, was er verlangt.

Heute ist er im Wald unterwegs. Während er mit seinen schmutzigen

Räuberstiefeln über den Waldboden stapft, hält er Ausschau, was er am besten klauen könnte. Leider gibt es hier nichts außer Pilze und Tannenzapfen.

„Das darf doch wohl nicht wahr sein", brummt Blitzeblotz ärgerlich. Er stampft mit seinen schweren Stiefeln so kräftig auf den Boden, dass die Äste darunter laut knacken. Wütend dreht sich der Räuber einmal um seine eigene Achse. Plötzlich hält Blitzeblotz mitten in der Bewegung inne. Am Waldrand, direkt dort, wo die große Wiese beginnt, lehnt eine kleine Hexe an ihrem Besen und schaut in den Himmel. An ihrem Arm baumelt ein wunderschönes Armband.

„Das will ich haben", beschließt Blitzeblotz und stellt sich breitbeinig vor der kleinen Hexe auf.

„Hohoho, ich bin der Räuber Blitzeblotz. Gib mir sofort dein Armband, sonst passiert etwas!", ruft er mit tiefer Stimme. Die kleine Hexe sieht den Räuber erstaunt an.

„Und was passiert dann?", fragt die kleine Hexe.

„Dann, dann …", stottert Blitzeblotz. Er zuckt mit den Schultern. Das hat ihn noch nie jemand gefragt.

„Du willst also mein Armband klauen?", fragt die kleine Hexe freundlich weiter.

Blitzeblotz nickt. Dabei scharrt er mit seinen schmutzigen Räuberstiefeln verlegen auf dem Waldweg herum.

„Sag mal, weißt du denn nicht, dass man nicht stehlen darf?", fragt die kleine Hexe streng.

Blitzeblotz zuckt mit den Schultern.

„Schon, aber ich will das Armband trotzdem haben", sagt er kleinlaut.

„Mein Armband bekommst du nicht", sagt die kleine Hexe bestimmt und schüttelt den Kopf. Blitzeblotz schiebt beleidigt seine Unterlippe nach vorne.

„Schade", murmelt er.

Als die kleine Hexe sieht, wie traurig Blitzeblotz ist, hat sie eine Idee.

„Wenn du gerne ein Armband haben willst, dann mach dir doch einfach selber eins", schlägt sie vor.

„Wie? Selber machen? Ich kann das nicht. Ich kann doch nur klauen", gibt Blitzeblotz zu.

„Wenn du willst, mache ich dir ein Armband", sagt die kleine

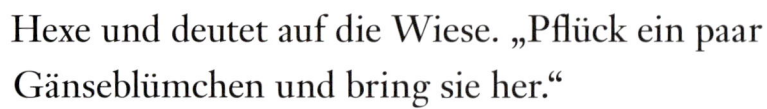

Hexe und deutet auf die Wiese. „Pflück ein paar Gänseblümchen und bring sie her."

Sofort macht Blitzeblotz sich an die Arbeit. Wenige Minuten später legt er vor der kleinen Hexe mindestens 84 Gänseblümchen auf den Boden.

„Schau, so geht's", erklärt die kleine Hexe. Sie nimmt zwei der Blumen, ritzt mit ihren langen Hexenfingernägeln geschickt den Stiel einer Blume ein und fädelt eine andere Blüte durch die Öffnung. Nach und nach entsteht eine lange Blütenkette. Am Schluss verbindet die kleine Hexe den letzten Stiel mit der Blüte ganz am Anfang. Sie nimmt Blitzeblotz' Hand und schiebt das Armband über sein Handgelenk.

Begeistert betrachtet Blitzeblotz das Blumenarmband und dreht seine Hand in der Luft hin und her. Dann lacht er sein raues Räuberlachen.

„Danke", murmelt er. Das hat er zuvor noch niemals zu jemandem gesagt. Blitzeblotz winkt der kleinen Hexe zum Abschied zu, bevor er durch den Wald zurück in sein Räuberhaus verschwindet. Dort will er das Armband in aller Ruhe betrachten. Und vielleicht macht er sich morgen selber noch eins. Er weiß ja jetzt, wie es geht.

Der Schuhdieb

Sven und Barbara sind Nachbarn und beste Freunde. Und weil sie schon groß sind, dürfen sie allein zum Spielplatz am Ende der Straße gehen. Auf dem Weg wohnt Herr Frisch. Der grüßt sie sonst immer freundlich und wünscht ihnen einen schönen Tag. Aber heute steht Herr Frisch schimpfend im Garten: „Jemand hat mir einen Gartenschuh geklaut. Die Schuhe standen über Nacht vor der Haustür. Und jetzt ist einer weg."

„Das war bestimmt ein Schuhdieb", vermutet Barbara und trippelt aufgeregt von einem Fuß auf den anderen. Sven macht große Augen. „Den muss jemand schnappen", murmelt er. Barbara und Sven sind sich schnell einig: Sie werden Herrn Frisch helfen, den Schuhdieb zu finden. Und sie wissen auch schon wie!

„Wir haben eine Idee", ruft Sven.

Herr Frisch sieht Sven und Barbara neugierig an.

„Haben sie Mehl?", will Barbara wissen. Herr Frisch nickt.

„Aber wozu braucht ihr das denn?"

„Wir stellen dem Dieb eine Falle. Wenn er sich den zweiten Schuh holen will, dann kriegen wir ihn", erklärt Sven.

Herr Frisch überlegt. Dann sagt er: „Wartet einen Moment", und verschwindet im Haus. Vor seiner Haustür steht der einzelne

Gartenschuh neben der Fußmatte. Mit einem großen Papierbeutel voll Mehl kommt Herr Frisch gleich darauf wieder in den Garten. „Und wie wollt ihr daraus jetzt eine Falle bauen?", will er nun wissen.

„Wir streuen das Mehl rund um den anderen Gartenschuh. Wenn der Dieb den zweiten Schuh stehlen will, tritt er hinein. Dann haben wir seine Fußabdrücke und wissen, wer es war", erklärt Sven den Plan.

Herr Frisch drückt Barbara die Mehltüte in die Hand.

Sven und Barbara machen sich gleich an die Arbeit. Sie verstreuen das Mehl um Herrn Frischs einzelnen Gartenschuh und vorsichts-halber auch noch ein bisschen auf dem Gartenweg.

„Das müsste reichen", stellt Sven fest.

Herr Frisch lächelt. „Wollt ihr jetzt vielleicht
eine Tasse Kakao?"

Und ob Sven und Barbara das wollen. Begeistert folgen
sie Herrn Frisch ins Haus.

Der Kakao, den Herr Frisch kurz darauf vor Sven und Barbara
auf den Tisch stellt, schmeckt herrlich. Als die beiden ausgetrunken
haben, laufen sie hinter Herrn Frisch wieder nach draußen.

„Das darf doch wohl nicht wahr sein!", ruft Herr Frisch, der als
Erster vor die Tür tritt. Barbara und Sven schieben sich neben ihn.
Tatsächlich! Der zweite Gartenschuh ist weg!

„Hier sind Spuren", ruft Sven. Alles ist genauso gelaufen, wie er
und Barbara es geplant hatten.

„Aber das sind doch …", stottert Herr Frisch verblüfft. Jetzt sieht
Barbara es auch. Die Spuren im Mehl haben eine ganz besondere
Form. Es sind Pfotenabdrücke!

Sven hat da so einen Verdacht. Direkt neben Herrn Frisch wohnt
nämlich Familie Gruber. Und ihnen gehört Anko, ein kleiner
Dackel.

Barbara, Sven und Herr Frisch laufen los. Schon von Weitem sehen
sie den Dackel vor seiner Hundehütte liegen.

„Frau Gruber, können wir mal zu Anko?", ruft Barbara der Frau auf
der Terrasse zu.

„Aber natürlich. Kommt nur rein", freut sich Frau Gruber. Sven,
Barbara und Herr Frisch gehen zur Hundehütte. Anko sieht die
Besucher freundlich an und wedelt mit dem Schwanz. Zwischen
seinen Vorderpfoten hält er einen Schuh. Besser gesagt, den

Gartenschuh von Herrn Frisch!

„Ja, was hast du denn da?", fragt Frau Gruber, die sich hinter Herrn Frisch gestellt hat.

„Anko ist der Schuhdieb!", ruft Barbara.

Schnell erklären Sven und Barbara, was passiert ist. Frau Gruber staunt. Dann zieht sie den Gartenschuh unter Ankos Pfoten hervor und reicht ihn Herrn Frisch.

„Tut mir wirklich leid", murmelt sie. Anko hat wohl verstanden, was sein Frauchen da sagt. Mit eingezogenem Schwanz schleicht er in seine Hütte. Als er wieder herauskommt, hat er den zweiten Gartenschuh von Herrn Frisch im Maul. Den lässt er vor Barbara fallen.

„Gut gemacht. Braver Hund", flüstert Barbara.

„Ab jetzt stelle ich meine Schuhe über Nacht lieber ins Haus", beschließt Herr Frisch. Dann fangen alle an zu lachen.

Wolli besucht das Weltall

Wolli ist ein Wollknäuel. Er ist weich und dick und hat verschiedene Farben. Das Besondere an Wolli ist: Er kann sprechen und sich bewegen. Das können nur ganz wenige Wollknäuel. Und es ist natürlich geheim, kein Mensch weiß etwas davon.

Heute will Wolli einen Ausflug unternehmen. Es ist früh, überall ist es noch dunkel und still. Wolli rekelt sich und ordnet seine Fäden. Dann hüpft er von der Couch, wo er mit den anderen Knäueln in einem großen Korb mit Stricksachen liegt. Er rollt sich geschickt über den Boden und muss dabei den Sachen ausweichen, die herumliegen.

„Jetzt aber schnell", denkt er, denn von oben hört er ein Schnurren. Das ist Kater Jojo auf dem Weg nach unten zu seinem Futternapf. Wenn der Kater ihn erwischt, will er mit ihm spielen. Und das ist für Wolli gar nicht lustig.

Also springt Wolli schnell auf das Fensterbrett und lässt sich durch das gekippte Fenster nach draußen fallen.

Er hat Glück. Draußen ist es windig und er kann auf einem kräftigen Windstoß hoch in die Luft segeln. Ein weiterer Stoß befördert ihn hinauf bis in die Wolken.

„Das ging gut", denkt Wolli erleichtert. Die Wolken kennt er, denn er war schon öfter hier zu Besuch.

„Hallo Freunde", ruft er vergnügt. Eine dicke, weiße Wolke

zwinkert ihm freundlich zu, die anderen sind noch ganz verschlafen und beachten den Wollknäuel nicht.

Aber das macht nichts. Wolli will heute sowieso nicht hierbleiben. Er will viel weiter nach oben ins Weltall.

In den Kinderbüchern zu Hause hat Wolli Bilder gesehen vom Mars und vom Mond. Die hatten freundliche Gesichter und sahen gemütlich aus, fast wie ein rundes Wollknäuel.

Kurz ruht Wolli sich auf der weichen Wolke aus, dann holt er Schwung und schleudert sich nach oben. Zum Glück kommt gerade ein Flugzeug vorbei, auf dem er ein Stück mitfliegen kann.

Die letzte Etappe bis ins All ist beschwerlich. Zweimal wird er fast von einer Sternschnuppe getroffen und am Ende muss er ziemlich Gas geben, um die Erdatmosphäre zu durchdringen.

Dann hat er es geschafft. Staunend sieht er sich im All um.

Plötzlich hört er einen Schrei.

„Aus der Bahn, ich kann nicht bremsen!"

Huch, da kommt eine riesige graue Steinkugel vorbeigeflogen.

„Hallo, wer bist du?", ruft Wolli und kullert schnell zur Seite.

„Ich bin der Mond", ruft ihm die Kugel zu, dann ist sie schon wieder weg.

Also das hat sich Wolli anders vorgestellt. Der Mond hat gar kein freundliches Gesicht und gemütlich war er auch nicht, ganz im Gegenteil!

„Dann besuche ich eben Mars", beschließt Wolli.

Hier im All ist das Fliegen einfach. Wolli gibt sich einen leichten Schubs, schon segelt er federleicht durch die Dunkelheit. Nach einer Weile bemerkt er einen roten Lichtschein.

„Das muss der Mars sein", freut er sich.

„Hallo, Mars!", schreit er. Aber Wolli ist zu weit weg, deswegen kann ihn der Planet nicht hören.

Dafür bemerkt Wolli jetzt etwas anderes. Unter ihm gleitet eine wunderschöne blaue Kugel durchs All. Wie der Planet wohl heißt? Wolli beschließt nachzusehen, wer der schöne Blaue ist.

Er dreht noch einen Looping im All, dann huscht er auf die geheimnisvolle Kugel zu.

Als er näherkommt, staunt er nicht schlecht.

„Das gibt es nicht. Das ist ja die Erde!", ruft Wolli. Wenn man so weit weg ist, sieht unser Planet ganz anders aus.

„Hurra, ich besuche heute die Erde", lacht der Wollknäuel. Er gibt sich einen letzten Ruck, dann zischt er direkt nach unten auf die Erdkugel zu.

Kurz darauf liegt Wolli in seinem Korb und erholt sich von dem spannenden Ausflug.

„Mal sehen, wo es morgen hingeht", denkt er, dann schläft der abenteuerlustige Wollknäuel zufrieden ein.

Der Tunnel ins Zwergenland

Vor zwei Tagen ist Lea umgezogen. Hier ist alles noch ziemlich fremd. Lea vermisst ihre Freunde vom Kindergarten. Was ihr aber schon gut gefällt, ist der Spielplatz direkt neben ihrem Haus. Dorthin darf Lea auch ganz allein gehen.

Über den Garten erreicht sie den Spielplatz, ohne eine Straße zu überqueren. Lea geht gleich zur Schaukel. Die sieht aus wie ein großes Nest. Da kann man sich nicht nur reinsetzen, sondern sogar hineinlegen. Aber leider ist die Schaukel heute schon besetzt. Ein Junge hat es sich darin gemütlich gemacht. Lea sieht sich um. In der Mitte des Spielplatzes ist ein großer Hügel. Den will sie sich genauer ansehen. Davor steht ein Mädchen, das Lea den Rücken zugewandt hat.

„Hallo, ich bin Lea. Was machst du da?", fragt Lea und stellt sich neben das Mädchen. Erst jetzt entdeckt sie, dass es hier einen Spieltunnel gibt. Er sieht aus wie ein großes Rohr aus Beton und führt unter dem Hügel hindurch.

„Pst", flüstert das Mädchen. „Ich bin Luzia und ich horche, ob die Zwerge zu Hause sind." Lea sieht das Mädchen mit großen Augen an. „Welche Zwerge?", fragt sie verblüfft.

„Komm, ich zeige sie dir", schlägt Luzia vor und nimmt Lea an der Hand. Gemeinsam gehen sie ein Stück durch den Tunnel. Bei jedem Schritt hallt es ein bisschen. Lea findet es ziemlich düster und ein bisschen unheimlich. Plötzlich hält Luzia Lea am Ärmel fest und deutet auf einen kleinen Spalt in der Tunnelwand. Luzia geht in die Hocke. Lea macht es ihr nach. Auf einmal wird der Spalt in der Wand immer größer.

„Ui, das ist ja ein Durchgang", staunt Lea. Luzia macht einen Schritt nach vorne. Lea folgt ihr. Mühelos können die beiden durch die Öffnung mitten auf eine Lichtung in ein kleines Wäldchen treten. Lea reißt überrascht die Augen auf. Da hört sie ein Geraschel und Getrappel. Lea sieht nach unten. Auf dem Boden stehen fünf kleine Männchen. Sie tragen Zipfelmützen und haben alle einen weißen Bart.

„Wer seid ihr denn?", fragt Lea verblüfft.

„Wir sind die Zwerge aus Zwergonigen. Ich bin hier der Oberzwerg." Das größte der kleinen Männchen verbeugt sich vor den Mädchen. Als der Zwerg sich wieder aufrichtet, hat er eine Idee: „Könnt ihr uns vielleicht helfen?", fragt er und rückt seine rote Zipfelmütze zurecht.

„Der Wind hat unsere Zwergenhäuser zerstört. Jetzt müssen wir sie wieder aufbauen", erklärt der Oberzwerg und sieht Lea und Luzia fragend an.

Lea ist sofort begeistert. „Natürlich helfen wir."

„Komm, wir sammeln Blumen und Blätter", legt Luzia gleich los. Die beiden Mädchen pflücken eine Handvoll Löwenzahnblüten, holen Kastanienbaumblätter, kleine Äste und Gänseblümchen. Aus den Ästen und Blättern bauen sie kleine Hütten und schmücken sie mit den Blüten.

Die Zwerge helfen mit, so gut es geht. Sie halten die Blätter fest, während Lea und Luzia immer mehr davon herbringen. Sie schieben die Blüten an die richtige Stelle, bis alle Häuser wunderschön aussehen.

„Kommt, wir ziehen gleich in die neuen Wohnungen ein", jubelt der Oberzwerg, als fünf Zwergenhäuschen fertig nebeneinander stehen. Schnell verschwinden die Zwerge in den Häusern. Der Oberzwerg dreht sich noch einmal zu Lea und Luzia um.

„Besucht ihr uns bald?", will er wissen.

„Gerne. Wir kommen morgen wieder", verspricht Lea. Dann geht sie Hand in Hand mit Luzia zurück zum Spalt in der Tunnelwand. Gemeinsam schieben sich die Mädchen durch die Öffnung und schlendern fröhlich durch den Tunnel zurück auf den Spielplatz.

„Wollen wir Freundinnen sein?", fragt Lea, als die beiden ins Licht treten. Luzia nickt. „Aber das mit den Zwergen ist unser Geheimnis", sagt sie und zwinkert Lea zu.

„Na klar. Echte Freundinnen brauchen schließlich auch Geheimnisse", lacht Lea und plötzlich gefällt es ihr hier in der neuen Umgebung richtig gut.

Frühstück ist fertig

Ben liegt im Bett und blinzelt. Irgendetwas hat ihn aufgeweckt. Im Zimmer ist es ganz dunkel. Nein, nicht ganz, ein kleiner Lichtstrahl kommt durchs Fenster und malt einen Streifen an die Wand. Ben ist gar nicht mehr müde. Er beobachtet den Lichtstreifen. Wenn man genau hinsieht, erkennt man, dass er sich bewegt.

Das Beobachten des Lichtstreifens wird Ben schnell langweilig. Was soll er tun? Er kann nicht mehr einschlafen, dazu ist er schon zu wach. Mama und Papa schlafen und wollen sicher noch nicht aufstehen. Schließlich ist Wochenende und draußen wird es erst ganz langsam hell.

Da hat Ben eine Idee. Er schlüpft aus dem Bett, zieht seine Hausschuhe an und schleicht in die Küche. Er schließt die Tür, damit er Mama und Papa nicht weckt. Dann schaut er sich in der Küche um. Er will Frühstück machen und damit seine Eltern überraschen. Erst einmal braucht er Teller. Leider ist das Geschirr in der Spülmaschine schmutzig und an die sauberen Sachen im oberen Schrank kommt er nicht heran. Ben versucht, auf die Arbeitsplatte zu klettern, aber er kommt nicht hoch.

Dann eben nicht, sie können auch ohne Teller frühstücken. Ben holt drei Servietten aus der Schublade und breitet sie auf dem Tisch aus. Das sieht schön aus, findet er, fast besser als Teller. Jetzt holt er

für jeden ein Messer und eine Gabel und legt das Besteck neben die
Servietten.

Die Gläser und Tassen sind zum Glück in dem unteren Schrank,
da kommt er gut heran. Doch als er die Tür öffnet und den Topf
zur Seite schiebt, um besser an die Gläser zu kommen, gibt es einen
lauten Knall. Der Topfdeckel landet auf dem Boden. Erschrocken
schaut Ben sich um. Aber keiner macht die Tür auf, vielleicht haben
Mama und Papa nichts gehört.

Ganz schön anstrengend, so ein Frühstück zu machen.

Als Nächstes braucht er etwas zu essen. Aber wo ist nur das Brot?
Ben öffnet alle Türen, an die er herankommt, kann aber kein
Brot finden. Irgendwie macht das keinen Spaß. Die Butter und die
Marmelade stehen im Kühlschrank auch zu hoch, sodass er nur den
Honig auf den Tisch stellen kann. Mist, so kann er seine Eltern
nicht überraschen. Ben lässt die Schultern hängen und trabt in sein
Zimmer. Er setzt sich auf den Boden und starrt vor sich hin. Was

für ein blöder Morgen. Zum Glück kommt ihm eine Idee.

Er krabbelt unter sein Hochbett und fängt an, in den Spielzeug-
kisten zu wühlen. Es dauert nicht lange, da hat er gefunden, was er
braucht. Wie gut, dass er ein paar Sachen behalten hat, als Mama
seine Puppenküche verschenkt hat! Zufrieden legt er alles vor sich
hin: das kleine Holzbaguette, die Töpfchen mit der Marmelade, die
Zuckerdose und das bunte Obst. Natürlich ist das alles nicht echt,
aber es sieht richtig gut aus. Er holt noch die Packungen mit den
Haferflocken und dem Kakao aus der Kiste, dann packt er alles in
die kleine Tasche, die an seiner Türklinke hängt, und geht zurück
in die Küche.

Er verteilt das Spielzeugessen auf dem Tisch und sieht sich sein
Werk an. Ja, jetzt ist er zufrieden, das ist ein schönes Frühstück.
Und dass man die Sachen gar nicht wirklich essen kann, das findet
Ben nicht schlimm. Hauptsache, er hat Frühstück gemacht. Da hört
er auch schon, wie Mama und Papa aufstehen.

„Überraschung", ruft er und wartet gespannt in der Küche auf sie.
Die werden Augen machen!

Prinzessin Lieselotte will raus

Prinzessin Lieselotte wohnt in einem wunderschönen Schloss. Sie hat 43 Diener und acht Kammerzofen, 193 Kleider, vier Prinzessinnenkronen, fünf Reitpferde und noch jede Menge andere Sachen, die Prinzessinnen so brauchen.

Heute hat Prinzessin Lieselotte Geburtstag.

„Alles Gute, meine Liebe", gratuliert ihr Mama Königin, als Lieselotte zum Frühstück in den königlichen Speisesaal schreitet. Denn das Schreiten gehört bei einer Prinzessin zum guten Benehmen. Auf dem Frühstückstisch stehen schon drei Päckchen für Prinzessin Lieselotte. Schnell packt sie alle aus und zieht eine neue Halskette, ein seidenes Kleid und feine Schuhe heraus.

„Hast du noch einen Wunsch, mein Kind?", fragt Papa König. Prinzessin Lieselotte legt einen Zeigefinger an die Lippen und überlegt.

„Möchtest du eine neue Krone mit funkelnden Edelsteinen?", schlägt Mama Königin vor.

Lieselotte schüttelt den Kopf.

„Wie wäre es mit einem weißen Schimmel, auf dem du durch den Schlosspark traben kannst?", will Papa König wissen.

„Ich wünsche mir dieses Jahr etwas ganz Besonderes", erklärt Prinzessin Lieselotte.

„Wir lassen einen Zirkus kommen. Mit Feuerschluckern, Löwen-
bändigern und Akrobaten", ruft Papa König begeistert.

Aber Prinzessin Lieselotte schüttelt wieder den Kopf.

„Nein, ich will …", fängt sie zögernd an, ihren Wunsch zu
formulieren.

„Ja?", Mama und Papa sehen sie gespannt an.

„Ich will heute einmal raus auf die Wiese hinter dem Schloss", sagt
Prinzessin Lieselotte und grinst.

„Gut, ich lasse die Pferde an die Kutsche spannen. Dann kannst du
eine Fahrt über die Wiese machen", sagt Papa.

Prinzessin Lieselotte stemmt ihre Hände in die Hüften. „Nein, ich
will zu Fuß gehen. Alleine. Ohne Kutsche, ohne Diener und ohne
Krone", sagt sie bestimmt.

Mama Königin legt entsetzt eine Hand an die Stirn. „Aber Kind! Das gehört sich nicht für eine Prinzessin. Da könntest du dich sogar schmutzig machen", ruft sie.

„Bitte, bitte, bitte. Ich hab doch heute Geburtstag", bettelt Lieselotte. Mama Königin schüttelt den Kopf. Aber weil Papa König seiner Tochter einfach keinen Wunsch abschlagen kann, sagt er schließlich: „Das ist ein wirklich ungewöhnlicher Wunsch für eine Prinzessin. Aber ich will mal nicht so sein. Heute ist dein Geburtstag. Darum soll dein Wunsch in Erfüllung gehen."

Lachend rennt die Prinzessin aus dem Zimmer den langen Schlossflur entlang nach draußen.

„Lieselotte, du sollst doch schreiten. Wo bleiben deine Manieren?", ruft Mama Königin ihr nach.

Als Prinzessin Lieselotte auf der Wiese hinter dem Schloss ankommt, ist sie ganz außer Atem. Begeistert sieht sie sich um. Hier war sie noch nie allein. Schnell schlüpft Lieselotte aus ihren Prinzessinnenschuhen, stellt sie ins Gras und läuft barfuß über die Wiese. Dann geht sie in die Hocke und macht schwuppdiwupp einen Purzelbaum. Plötzlich hört sie, wie sich jemand nähert. Es ist Papa König! Lieselotte sieht an ihrem Kleid herab. Es ist über und über voll mit Grasflecken. Jetzt gibt es bestimmt Ärger!

Papa König bleibt vor Lieselotte stehen. Mit seinen Händen hält er etwas hinter seinem Rücken versteckt.

„Du scheinst Spaß zu haben", stellt er fest.

Prinzessin Lieselotte nickt.

„Ich dachte, damit hast du vielleicht noch mehr Spaß", sagt Papa König und zieht einen Ball hervor.

Freudestrahlend nimmt Lieselotte den Ball und schießt ihn mit dem Fuß in hohem Bogen über die Wiese.

„Halt, ich will auch mitspielen!", ruft Papa König.

Lieselotte sieht ihn verblüfft an. „Aber du bist doch der König", murmelt sie.

„Eben", lacht Papa König. „Darum darf ich bestimmen. Und ich bestimme, dass wir beide heute Fußball spielen."

„Das ist der schönste Geburtstag meines Lebens", jubelt Lieselotte. Dann läuft sie los, um den Ball wieder zu holen.

Die lachen mich aus

"Alle Vorschulkinder bitte ins Lesezimmer kommen!" Das war Simone, die Erzieherin aus Davids Kindergartengruppe. David klappt seine Brotdose zu und steckt sie zurück in seinen Rucksack. Dann geht er über den Gang ins Lesezimmer. Am Tisch sitzen schon Vicki und Bene aus Davids Gruppe und ein paar Vorschulkinder aus den anderen Gruppen. David mag das Vorschulprogramm. Sie malen und basteln immer tolle Sachen. Aber heute teilt Simone keine Malblätter aus.

"Heute machen wir Sprachübungen", sagt sie. Oh nein, das gefällt David gar nicht. Er merkt, wie er auf einmal ganz nervös wird. Denn David lispelt. Wenn er "s" oder "sch" sagen will, passiert es ihm manchmal, dass dabei Zischlaute aus seinem Mund kommen. Zuhause übt er mit Mama, die Zunge hinter den Zähnen zu lassen, damit es nicht so zischt. Das klappt gut. Nur wenn David aufgeregt ist, dann klappt es nicht. Und jetzt ist er aufgeregt!

Er überlegt. Vielleicht sollte er Simone sagen, dass er sich nicht traut? Aber dann finden die anderen Kinder ihn bestimmt feige. Oder er macht einfach nicht mit? Nein, das geht auch nicht. Simone sagt immer, alle Vorschulkinder müssen mitmachen.

Die Erzieherin ist auch schon dabei, das Sprechspiel zu erklären. Sie sagt ein Wort und die Kinder sollen der Reihe nach Wörter finden, die sich darauf reimen.

Wenn ein Kind keinen Reim mehr weiß, schlägt Simone ein neues

Wort vor. Simone beginnt mit dem Wort Baum. Die Kinder fin-
den die Reimwörter Raum, Flaum und Schaum. Dann sagt Simone
Puppe. Vicki, die neben David sitzt, findet Gruppe.
Jetzt ist David dran. Simone lächelt ihm zu.
„Was fällt dir ein?", fragt sie aufmunternd. David überlegt ange-
strengt. Ja, ihm fällt ein Wort ein. Aber es beginnt mit einem „S".
Das geht nicht, dabei lispelt er sicher. Am liebsten würde er gar
nichts sagen. Simone will ihm helfen und macht Handbewegungen,

als ob sie einen Löffel zum Mund führen würde. Das Mädchen neben David flüstert ihm zu: „Suppe."

David atmet tief ein und aus, dann drückt er seine Zunge ganz fest an den Gaumen. Die Kinder sehen ihn erwartungsvoll an.

„Thhhuppe." Jetzt ist es passiert. Das Wort ist zischend aus seinem Mund gekommen.

„Sehr gut", sagt Simone, „Suppe reimt sich auf Puppe."

Bene hebt den Finger.

„Aber David hat Thhhuppe gesagt", sagt er. „Es muss doch Suppe heißen."

Da fangen alle Kinder an zu lachen.

Das ist zu viel für David. Er spürt, wie sein Kopf heiß und rot wird und die Tränen ihm in die Augen schießen. Er springt auf und rennt aus dem Lesezimmer in den Gang und kauert sich auf die Bank.

Simone kommt zu ihm und legt ihm den Arm um die Schulter. Das hilft, er muss nicht mehr so stark schluchzen.

„Komm mit, David", fordert sie ihn auf, „ich habe eine Überraschung für dich."

Eigentlich will David nicht. Aber er mag auch nicht allein im Gang sitzen bleiben. Also putzt er sich die Nase und folgt Simone zögernd zurück ins Zimmer.

„Wir machen jetzt eine schwierige Übung", sagt Simone, „weiß jemand von euch, was „danke" auf englisch heißt?" David runzelt die Stirn. Soll das eine Überraschung sein?

Bene meldet sich. Er hört oft englische Lieder im Radio und behauptet, dass er schon gut englisch kann.

„Sänk ju", strahlt er.

Simone schüttelt den Kopf.

„Nein", sagt sie, „das ist nicht ganz richtig. Hört mal, wie David es sagen kann."

Aufmunternd sieht sie David an.

David räuspert sich und sagt „Thank you" und dann etwas lauter noch einmal: „Thank you".

„Super", lobt Simone, „das üben wir jetzt gemeinsam."

David strahlt. Er kann als einziger das Wort richtig aussprechen, das ist toll! Jetzt ist er gar nicht mehr aufgeregt. Als Bene sich auch noch entschuldigt, ist David richtig zufrieden. Und jetzt kann er auch wieder ganz ohne zu lispeln „Suppe" sagen.

Hansi ist weg!

Tobis bester Freund heißt Hansi. Er ist klein, blau und kann wunderschön pfeifen. Hansi ist Tobis Wellensittich. Er wohnt in einem Käfig im Wohnzimmer. Jeden Tag gleich nach dem Mittagessen läuft Tobi zu Hansi, um ihn aus dem Käfig zu lassen. Tobi zieht das Gittertürchen auf und Hansi hüpft auf seiner Stange ganz nah an die Öffnung. Dann breitet er seine Flügel aus und flattert heraus. Tobi hat Hansi sogar ein Kunststück beigebracht. Dazu holt er sich ein paar Körner aus der Futterdose und stellt sich mit ausgebreiteten Armen mitten ins Zimmer. Tobi hält die flachen Hände mit dem Futter nach oben. Er summt dabei immer ein Lied, das er im Kindergarten gelernt hat. Sofort kommt Hansi angeflogen und setzt sich auf einen von Tobis Daumen. Erst zwitschert er ein kleines Lied. Dann fängt er an, die Körner aus Tobis Hand zu picken. Immer wenn Mama das sieht, muss sie lachen.

„Tobi, du siehst aus wie eine Vogelscheuche", sagt sie dazu.

Heute scheint draußen die Sonne, als Tobi zu Hansi ins Wohnzimmer kommt.

„Willst du nicht rausgehen?", ruft Mama ihm aus der Küche nach. Aber Tobi will lieber mit Hansi spielen.

„Hallo, mein kleiner Piepmatz", flüstert Tobi und macht für seinen Freund die Käfigtür auf. Da kommt Mama ins Zimmer.

„Hier drin ist es aber stickig. Ich lass ein

bisschen frische Luft rein", murmelt sie und geht zum Fenster.

„Halt! Nein!", schreit Tobi. Aber da ist es schon zu spät. Kaum hat Mama das Fenster geöffnet, flattert Hansi aus dem Käfig direkt nach draußen in den Garten.

„Hansi, bleib hier", ruft Tobi ihm verzweifelt nach. Mama schlägt erschrocken ihre Hand vor den Mund.

„Oje, daran hab ich gar nicht gedacht", gibt sie kleinlaut zu.

„Wir müssen Hansi einfangen", sagt Tobi. Seine Stimme klingt ziemlich kratzig.

Mama nickt. „Es tut mir wirklich leid", murmelt sie, nimmt Tobis Hand und läuft mit ihm in den Garten.

„Hansi, wo bist du?" Tobi sieht sich suchend um.

„Da!", Mama zeigt auf den Ast ganz oben im Apfelbaum.

Tatsächlich! Dort sitzt Hansi und putzt sein Gefieder.

„Komm doch wieder zurück", flüstert Tobi.

„Wie sollen wir Hansi nur vom Baum holen?", fragt Mama. Tobi überlegt. Er sieht zu Hansi hoch. Dann zwinkert er seinem Freund zu. „Ich hab eine Idee!"

Tobi läuft ins Wohnzimmer.

„Was hast du denn vor?", ruft Mama ihm nach.

Statt ihr eine Antwort zu geben, schnappt Tobi sich den Vogelkäfig und schleppt ihn nach draußen. Er stellt ihn auf den Gartentisch und dreht ihn so, dass die Öffnung zum Baum zeigt.

„Hansi und ich können doch ein Kunststück", erklärt Tobi, während er ein paar Körner aus Hansis Futterschale holt.

„Hoffentlich klappt es", murmelt er und stellt sich mit ausgebreiteten Armen hin.

„Ach ja, der Vogelscheuchen-Trick", grinst Mama.

Tobi sieht zu Hansi hoch und fängt an, sein Lied zu summen. Mama hält den Atem an. Und wirklich! Hansi hüpft erst ein bisschen auf dem Ast des Apfelbaumes hin und her. Schließlich stößt er sich ab und flattert auf Tobi zu. Er landet auf Tobis rechter Hand, pfeift kurz und lässt sich dann die Körner schmecken.

„Vorsichtig", flüstert Mama, als Tobi seine Hand, auf der Hansi sitzt, langsam durch das Gittertürchen in den Käfig schiebt. Geschafft! Tobi schließt schnell die Tür. Hansi sitzt auf seiner Stange und macht große Augen.

„Ich glaube, der Ausflug hat ihm gefallen", stellt Tobi fest.

„Aber jetzt bringen wir Hansi wieder nach drinnen", lacht Mama erleichtert. Sie hilft Tobi, den Käfig mit Hansi zurück ins Wohnzimmer zu tragen.

„Jetzt muss ich mit Hansi neue Kunststücke üben. Die sind nämlich ziemlich nützlich", stellt Tobi fest.

Mama lacht und ist einverstanden.

Entdeckung auf dem Dachboden

Niklas ist heute mit Mama und Papa bei Onkel Peter zu Besuch. Hier waren sie erst ein Mal. Der Onkel ist Papas Bruder und, weil er keine Kinder hat, gibt es bei ihm kein einziges Spielzeug. Das wird bestimmt total langweilig, ist sich Niklas sicher.

„Du kannst dich gerne ein bisschen im Haus umsehen", schlägt Onkel Peter vor.

„Vielleicht wartet in einem der Zimmer ja ein echtes Abenteuer auf dich", lacht er dabei.

Niklas springt auf. Abenteuer klingt gut. Auch wenn er nicht so recht glauben kann, dass irgendetwas bei so einem langweiligen Onkel aufregend sein kann.

Niklas geht in den Flur. Er öffnet erst die rechte Tür neben dem Wohnzimmer. Dort ist die Küche. Dann schielt er in das nächste Zimmer. Hier ist die Toilette und wieder kein Abenteuer. Niklas stapft die Treppe nach oben. Außer dem Schlafzimmer von Onkel Peter, dem Gästezimmer und dem Bad gibt es auch nichts zu entdecken. Niklas sieht, dass die Treppe noch eine Etage weiter hochführt. Er nimmt immer zwei Stufen auf einmal. Oben ist eine Tür. Die drückt Niklas vorsichtig auf.

„Aha, hier ist also der Dachboden", murmelt er und tritt in den ziemlich düsteren, riesigen Raum. Durch ein kleines, staubiges

Dachfenster fällt ein bisschen Licht auf den knarzigen Holzboden. Niklas blinzelt und macht einen Schritt nach vorn. Da entdeckt er eine alte Holztruhe. Auf ihren Deckel sind bunte Blumen und Muster gemalt.

„Vielleicht ist das eine Schatzkiste", überlegt Niklas und merkt, wie sein Herz schneller schlägt. Er schleicht zur Kiste und hebt vorsichtig den Deckel an. Neugierig lugt er durch den Spalt. Er sieht etwas Großes, Flattriges. Und wenn sich Niklas nicht täuscht, hat dieses Etwas sogar Augen. Erschrocken lässt er den Deckel fallen.

„Hilfe! Ein Gespenst!", brüllt Niklas und rennt zur Tür. Als er sie aufreißt, kommen ihm Mama, Papa und Onkel Peter entgegen.

„Was ist denn passiert?", fragt Mama besorgt. Niklas wirft sich zitternd in ihre Arme.

„Da in der Truhe …", stammelt er.

„Ach, die alte Truhe. Stimmt, da hab ich noch so manche Schätze versteckt", unterbricht ihn Onkel Peter lachend.

„Und ein Gespenst", platzt es aus Niklas heraus.

Onkel Peter geht zur Truhe und will den Deckel öffnen.

„Nicht!", ruft Niklas. Aber da hat der Onkel den Truhendeckel bereits nach oben geklappt. Papa stellt sich dazu. Das findet Niklas ziemlich mutig.

„Na so was", staunt Papa und greift in die Truhe.

Niklas drückt sich noch ein bisschen enger an Mama.

„Das ist gar kein Gespenst." Papa holt etwas aus der Truhe. Niklas erkennt genau, dass es das Ding mit den Augen ist.

„Damit haben Peter und ich früher immer gespielt, als wir noch Kinder waren", lacht Papa und zieht das braune Stück Stoff auseinander. Niklas macht große Augen.

„Das ist ja eine Decke", ruft er verblüfft.

„Ja, eine Spieldecke. Hier schau, da hat Oma für uns ein Gesicht draufgenäht."

Das muss Niklas sich genauer ansehen. Er löst sich aus Mamas Armen und geht zu Papa.

„Eine Spieldecke mit einem Bärengesicht und Kulleraugen", staunt Niklas.

Onkel Peter wirft noch einen Blick in die Truhe.

„Da hab ich sogar noch die alten Spielautos", ruft er, fischt eine Tüte heraus und hält sie Niklas hin.

„Kann ich die mit nach unten nehmen?", fragt der begeistert.

„Natürlich. Sollen wir die Bärendecke auch mitnehmen?", schlägt Onkel Peter vor. Niklas nickt. Jetzt will er schnell nach unten.

„Komm", sagt Papa, nimmt in eine Hand die Decke und die andere streckt er Niklas hin. Während alle gemeinsam nach unten gehen, erzählen Papa und Onkel Peter davon, was sie als Kinder alles gespielt haben. Jetzt findet es Niklas hier kein bisschen langweilig mehr.

Larissa bleibt wach

Heute feiern Larissas Eltern eine Party. Mama und Papa sind beide in diesem Jahr 40 Jahre alt geworden, deswegen kommen ganz viele Erwachsene zu ihnen nach Hause. Manche kennt Larissa gar nicht.

„Es kommen Freunde von früher und Kollegen aus Papas Arbeit", hat Mama ihr erzählt.

Außerdem hat sie erklärt, dass es bei einer Erwachsenenparty keine Spiele gibt, so wie bei einem Kindergeburtstag.

„Aber was macht ihr dann?", will Larissa wissen.

„Wenn alle da sind, essen wir erst einmal gemeinsam", antwortet Mama. „Und dann haben wir ganz viel Zeit, um miteinander zu reden."

Reden? Das findet Larissa langweilig.

„Und wenn es ganz spät ist, dann tanzen wir vielleicht auch."

Das hört sich schon interessanter an. Larissa geht einmal in der Woche ins Ballett. Aber sie kann sich nicht vorstellen, dass die Erwachsenen so hübsche Tanzanzüge anhaben wie die Mädchen aus ihrer Gruppe und dass sie so schön tanzen können wie ihre Ballettlehrerin.

Dann sagt Mama etwas Blödes: „Aber wenn wir tanzen, bist du schon lange im Bett."

Was? Die Erwachsenen feiern eine Party und Larissa soll ins Bett? Das findet sie gemein! Aber alles Bitten und Betteln hilft nicht.

„Du darfst mit uns essen und ein bisschen im Wohnzimmer sitzen bleiben", bestimmt Mama, „aber dann gehst du schlafen."

Larissa geht beleidigt in ihr Zimmer. Irgendetwas muss ihr einfallen, damit sie nicht so früh ins Bett muss!

Da klingelt es. Schnell zieht Larissa sich ihr schönes Kleid über die Hose und rennt nach unten.

Eine Frau und ein Mann stehen im Flur. Larissa kennt die beiden nicht.

„Hallo, Larissa", lächelt die Frau, „wir haben dich zuletzt gesehen, als du ein Baby warst." Mama und Papa umarmen die zwei und bitten sie ins Esszimmer. Dann klingelt es schon wieder und nach und nach kommen eine Menge Erwachsener.

Als alle Gäste da sind, geht das Essen los. In der Küche stehen viele Platten mit verschiedenen Gerichten und jeder kann sich nehmen, was er will. Larissa schnappt sich vier kleine Würstchen und einen dicken Berg Nudelsalat. Dann setzt sie sich neben Mama und beobachtet die Erwachsenen. Die sind ganz schön laut und lachen viel mehr als sonst. Jetzt findet Larissa die Party doch nicht langweilig.

Nach dem Essen stehen alle herum und reden miteinander. Auf einmal sagt Mama: „Wo ist eigentlich Larissa?"

Oh nein, Larissa will noch nicht ins Bett! Schnell rennt sie aus dem Wohnzimmer und versteckt sich hinter der Garderobe im Flur. Dabei rennt sie fast gegen die Frau, die ganz am Anfang reingekommen ist. Larissa macht „pst" und hält den Finger vor den Mund.

Die Frau nickt und geht ins Wohnzimmer. Drinnen fragt Mama

alle, ob sie Larissa gesehen haben. Oh je, hoffentlich verrät die Frau sie nicht.

Jetzt hört sie die Stimme von der Frau. Larissa muss die Ohren spitzen, um sie verstehen zu können. Sie staunt nicht schlecht, als die Frau sagt: „Larissa ist schon ins Bett gegangen."

Zuerst glaubt Mama es nicht. Aber dann sagt die Frau: „Wirklich, sie wollte euch eine Freude machen. Sie hat mir gesagt, dass sie sich ganz alleine fertigmacht, damit ihr weiterfeiern könnt."

Larissa muss sich die Hand fest vor den Mund drücken, um nicht laut loszuprusten. Mama hat aufgehört, nach ihr zu suchen. Was für ein Glück, sie hat die Geschichte geglaubt!

Larissa legt zwei Jacken auf den Boden und kuschelt sich darauf. Vor ihr hängen die Mäntel der Gäste wie ein Vorhang. Das ist gemütlich. Keiner kann sie sehen, aber sie kann durch die Ritzen ins Wohnzimmer blicken. Hoffentlich geht es bald los mit dem Tanz, das wird sicher lustig.

Jetzt muss Larissa gähnen. „Hauptsache, ich hab es geschafft und muss nicht ins Bett", denkt sie. Da fallen ihr die Augen zu und im nächsten Augenblick ist sie schon eingeschlafen.

Die Autorinnen

DIANA LUCAS arbeitet als Autorin für Kinder- und Jugendbücher in München und liebt gute Geschichten. Mit der Kinderbuchwerkstatt München (www. kinderbuchwerkstatt-muenchen.de) veranstaltet sie Workshops zur Leseförderung. Außerdem schreibt und bearbeitet sie die unterschiedlichsten Texte für Informationsmedien und Pressearbeit (www.diana-lucas.de).

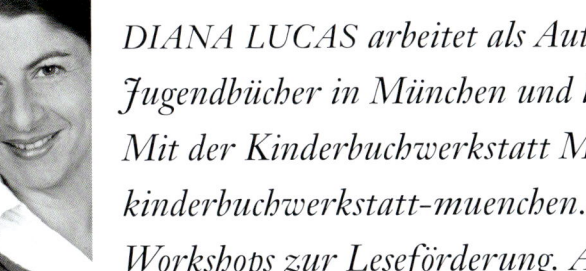

PETRA BARTOLI Y ECKERT ist von Natur aus neugierig und beobachtet gerne. Jahrelang sammelte sie im Rahmen ihrer Arbeit als Sozialpädagogin in einem Kinderheim Geschichten aus dem Alltag von Kindern. Heute arbeitet sie als Drehbuchautorin, schreibt Kinder- und Jugendbücher und Radiogeschichten für Kinder (www.petra-bartoli.de).

Die Illustratorin

STEFANIE KLASSEN malte und zeichnete schon als Kind immer und überall. Daran hat sich bis heute nichts geändert. Seit dem Abschluss des Studiums im Bereich Design an der Fachhochschule Münster arbeitet sie als freiberufliche Illustratorin für verschiedene Verlage.